Der Bilderbuch-Sammelband

Von Piraten, Indianern und guten Geistern

Vier Bilderbücher in einem Band zu den Themen:
MUT, TEILEN, AUFRÄUMEN und *GUTES BENEHMEN*

albarello

Ein Bilderbuch von Christine Jüngling
mit Bildern von Susanne Szesny

Christine Jüngling – Susanne Szesny

Indianerkind Kleiner Adler

oder Das ist zu gefährlich – das machen wir nicht

albarello

Kleiner Adler sitzt alleine in seinem Tipi und spielt mit ein paar Kieselsteinen. Fast alle anderen Indianerkinder sind schon draußen. Da steckt sein bester Freund Schnelles Pferd den Kopf durch die Tipiöffnung und fragt: „Kleiner Adler, kommst du mit mir zum Spielen?"
„Ja, ich komme gleich", murmelt er. Obwohl Kleiner Adler gerne draußen spielt, hat er heute keine besondere Lust dazu.
Langsam steht er auf und geht mit Schnelles Pferd auf die Wiese vor den Zelten.

Dort hockt er sich ins Gras und schnitzt lustlos an einem Stock herum.
Ab und zu schaut er verstohlen zu einer Gruppe von Kindern hinüber.
Es ist Starker Büffel mit seiner Bande.
Sie sind zu fünft und machen immer spannende Spiele gemeinsam.
Heute zielen sie mit Pfeil und Bogen auf eine große Strohscheibe, die an der hohen Birke befestigt ist. Bei jedem Treffer gibt es ein begeistertes Jubelgeschrei. Auch Mutige Bärin, die Kleiner Adler sehr mag, ist dabei.
Kleiner Adler würde gerne auch ein Bandenmitglied sein.
„Guck mal, die üben heute wieder mit Pfeil und Bogen zu schießen", sagt Kleiner Adler zu seinem Freund.
„Wollen wir mal fragen, ob wir mitmachen dürfen?", schlägt Schnelles Pferd vor.
„Mmh", antwortet Kleiner Adler nur. Er glaubt nicht, dass Starker Büffel damit einverstanden ist. Trotzdem geht er zögernd mit seinem Freund zu der Birke.

„Dürfen wir bei euch mitspielen?", ruft Schnelles Pferd einem Kind zu, das Blauer Mond heißt.
„Keine Ahnung, da müsst ihr unseren Anführer Starker Büffel fragen", entgegnet Blauer Mond.
Starker Büffel hat mit seinem Pfeil gerade die Mitte der Zielscheibe getroffen und kommt nun angeberisch auf Kleiner Adler und Schnelles Pferd zu.
„Können wir in deine Bande kommen?", fragt Kleiner Adler.
„So einfach ist das nicht", sagt Starker Büffel. „Wenn ich euch aufnehmen soll, dann müsst ihr erst eine Prüfung machen."
„Was für eine Prüfung?", möchte Schnelles Pferd wissen.
„Eine schwere Prüfung mit drei Mutproben", antwortet Starker Büffel. „Aber das schafft ihr sowieso nicht!"
Kleiner Adler schaut angriffslustig zu Starker Büffel auf, der viel größer ist als er.
„Ich glaube schon, dass wir das schaffen", sagt er. „Du musst uns nur sagen, was wir machen sollen."
Starker Büffel denkt einen Moment lang nach, dann sagt er:
„Morgen sage ich euch, was ihr tun müsst."

Beim Mittagessen im Zelt ist Kleiner Adler heute sehr still. Er erzählt seiner Mutter Helle Sonne nichts von der Bande und auch nichts von der Prüfung, die er vielleicht bestehen muss. Kleiner Adler wünscht sich so sehr zu dieser Bande zu gehören, dass er fast alles dafür tun würde.
„Was ist los mit dir?", fragt die Mutter besorgt.
„Gar nichts", antwortet Kleiner Adler, während er in seinem Essen herumstochert.

Am Nachmittag treffen sich Kleiner Adler und Schnelles Pferd an einem kleinen See in der Nähe der Zelte.
Heute reden sie nur über die Mutprobe.
„Was glaubst du, was wir machen müssen?", fragt Schnelles Pferd seinen Freund.
Kleiner Adler zuckt mit den Schultern.
„Ich weiß es nicht, aber Starker Büffel denkt sich bestimmt etwas ganz Gemeines aus."
Plötzlich hören sie fröhliches Kindergeschrei.
Kurz darauf saust die gesamte Bande von Starker Büffel auf ihren Ponys heran.
Kleiner Adler erkennt, dass alle ihre Gesichter heute besonders bunt bemalt haben. Neidisch schaut er ihnen nach. Am liebsten würde er sofort mitspielen.
Aber Starker Büffel und die anderen beachten ihn und Schnelles Pferd überhaupt nicht.
„Morgen werden wir es ihnen schon zeigen", sagt Kleiner Adler trotzig.

Am nächsten Morgen gehen Kleiner Adler und Schnelles Pferd zu der hohen Birke.
Schon kommt Starker Büffel auf die beiden zu.
„Seid ihr bereit?", fragt er.
„Klar", antwortet Kleiner Adler selbstsicher, obwohl er sehr aufgeregt ist.
„Ihr müsst drei Sachen machen", erklärt Starker Büffel. „Das hier ist die erste."
Er holt eine kleine Lederschachtel hervor, in der eine große Spinne sitzt.
„Jeder von euch muss diese Spinne einmal an seinem Arm hochkrabbeln lassen. Traut ihr euch das?"
Ein wenig ekelt sich Kleiner Adler schon vor Spinnen, aber er weiß auch, dass diese nicht gefährlich ist.
„Kein Problem", sagt Kleiner Adler deshalb.
Auch Schnelles Pferd beschließt mitzumachen.
Mutig hält Kleiner Adler seine Hand hin und Starker Büffel schüttelt ihm die dicke schwarze Spinne direkt hinein.
Die anderen Kinder umringen Kleiner Adler und beobachten gespannt, wie die Spinne an seinem Arm hinaufklettert. Kleiner Adler verzieht dabei keine Miene. Es kitzelt ein wenig, findet er, aber das ist überhaupt nicht schlimm.
„Du hast die erste Mutprobe bestanden", sagt Starker Büffel schließlich.
Vorsichtig nimmt er die Spinne und setzt sie auf den Arm von Schnelles Pferd.
Auch er besteht die Prüfung.

„Als Nächstes", sagt Starker Büffel, „müsst ihr beweisen, dass ihr mutig genug seid, ganz hoch auf den Baum zu klettern. Ich habe zwei Federn oben in ein Astloch gesteckt. Jeder muss mir eine davon bringen."
Starker Büffel deutet auf den Wipfel der hohen Birke.
„Worauf warten wir noch?", fragt Kleiner Adler. Er ist zwar schon oft auf Bäume geklettert, aber noch nie so hoch.
Die Birke ist ein guter Kletterbaum mit vielen dicken Ästen. Was soll schon passieren?, denkt Kleiner Adler.
Die beiden Indianerjungen klettern geschickt den Baum hinauf.
Als es nicht mehr höher geht, entdeckt Kleiner Adler tatsächlich die beiden Federn.
Kurz darauf stehen er und Schnelles Pferd wieder auf sicherem Boden und jeder überreicht Starker Büffel stolz seine Feder.
„Toll, Kleiner Adler, wie mutig du bist!", ruft Mutige Bärin.
Darüber freut sich Kleiner Adler besonders.
„Nicht schlecht", muss auch Starker Büffel zugeben. „Heute Nachmittag treffen wir uns hinter den weißen Felsen am kleinen Fluss. Dann müsst ihr den schwersten Teil der Prüfung bestehen."

Kleiner Adler ist froh, dass er bis hierhin alles so gut geschafft hat.
So hoch auf die Birke zu klettern fand er schon sehr gewagt und er kann sich gar nicht vorstellen, noch etwas Gefährlicheres zu tun.
Aber Schnelles Pferd sagt: „Egal, was es ist, das machen wir auch noch!"

Wieder sitzt Kleiner Adler schweigend beim Mittagessen.
„Habt ihr schön gespielt?", möchte die Mutter wissen.
„Ja", antwortet Kleiner Adler kurz. Am liebsten würde er Helle Sonne von den bestandenen Mutproben erzählen. Aber Kleiner Adler hat Angst, dass sie ihm dann verbietet, nachher zum weißen Felsen zu gehen. Trotzdem möchte er unbedingt mit jemandem darüber reden.
So beschließt er zum Medizinmann des Stammes zu gehen. Er heißt Donnernder Fluss. Schon oft war Kleiner Adler bei ihm, wenn er etwas auf dem Herzen hatte.

„Weißt du, Donnernder Fluss", erzählt Kleiner Adler stolz, „ich habe heute zwei Mutproben bestanden."
„So, welche Mutproben denn?", fragt der Medizinmann.
Und dann berichtet Kleiner Adler von seinen Erlebnissen mit Starker Büffel und seiner Bande. „Aber heute Nachmittag kommt erst die schwerste Prüfung."
„Und jetzt hast du Angst, dass Starker Büffel etwas von euch verlangt, was dir zu gefährlich ist, hab ich Recht?", vermutet Donnernder Fluss.
Kleiner Adler nickt. „Was soll ich denn da machen?", fragt er.
„Findest du es denn gut, dass Starker Büffel diese Mutproben von euch verlangt?", möchte der Medizinmann wissen.

„Eigentlich nicht", sagt Kleiner Adler. „Aber ich will doch in die Bande. Und Indianerkinder müssen stark und furchtlos sein."
Donnernder Fluss schweigt einen Augenblick, bevor er sagt: „Weißt du, Kleiner Adler, ich halte nichts von solchen Mutproben. Es ist kein guter Weg, Freunde zu finden. Und richtig stark ist der, der auch auf seine Furcht achtet. Wichtig ist jetzt, dass du es erkennst, wenn es zu gefährlich wird."
„Und wie soll ich das erkennen?", fragt Kleiner Adler. Der Medizinmann lächelt bedeutungsvoll: „Das ist manchmal sehr schwer."
An einem Stab in seinem Zelt baumeln einige Ledersäckchen. Eines davon nimmt Donnernder Fluss nun und hängt es Kleiner Adler um den Hals.
„Tu etwas hinein, was dir wertvoll ist", erklärt er dem staunenden Jungen. „Wenn Starker Büffel dir sagt, was du als Mutprobe machen sollst, nimmst du das Ledersäckchen in die Hand. Du schließt die Augen und hörst, was dein Herz dir sagt. Ich bin sicher, dass du so merkst, wann dich deine Angst schützt und du Nein sagen musst."
Kleiner Adler steckt eine Feder in den Lederbeutel, die er einmal gefunden hat.

Wie verabredet treffen sich die Indianerkinder hinter den weißen Felsen.
Ob sie von dem Felsen springen sollen, überlegt Kleiner Adler.
Aber da sagt Starker Büffel: „Für die letzte Mutprobe müssen wir zum kleinen Fluss gehen."
Kleiner Adler darf jedoch nicht am kleinen Fluss spielen. Das Ufer ist rutschig und das Wasser fließt ziemlich schnell. Es ist zu gefährlich!
Trotzdem geht er heute mit.
Starker Büffel bleibt an einer Stelle stehen, wo ein schmaler Baumstamm quer über dem kleinen Fluss liegt.
„Hier müsst ihr drüberlaufen, bis zur anderen Seite und wieder zurück", sagt er.
Die Kinder tuscheln miteinander.
Schnelles Pferd wirft seinem Freund einen ängstlichen Blick zu.
Kleiner Adler greift nach dem Ledersäckchen, das er um seinen Hals trägt.
Er umschließt es fest mit der Hand und schließt die Augen.
Sein Gefühl sagt ihm, dass er das lieber nicht wagen sollte.
„Das mache ich nicht!", sagt er zu Starker Büffel. „Das ist lebensgefährlich."
„Wollt ihr in meine Bande oder nicht?", fragt Starker Büffel ungeduldig.

„Ich mach's", sagt Schnelles Pferd und geht auf den Baumstamm zu.
Kleiner Adler hält seinen Freund am Arm fest.
„Schnelles Pferd, lass das bitte! Stell dir vor, du fällst ins Wasser.
Du kannst doch noch gar nicht schwimmen."
Schnelles Pferd schaut nach unten in das schäumende Wasser.
„Ich mach da auch nicht mit", sagt er schließlich.
„Feiglinge!", ruft Starker Büffel. „Ich werde euch beweisen, wie babyleicht das ist."
Schon steht er auf dem Baumstamm.
„Kleiner Adler hat Recht", mischt sich Mutige Bärin ein, „das ist
zu gefährlich."
Aber Starker Büffel will davon nichts wissen. Er beginnt über den glitschigen Stamm zu balancieren. Atemlos beobachten ihn die anderen. Langsam setzt Starker Büffel einen Fuß vor den anderen. Plötzlich rutscht er aus und beginnt zu schwanken. Er verliert das Gleichgewicht und stürzt in den Fluss.

„Hilfe!", schreit Starker Büffel und rudert dabei wild mit den Armen herum.
Die Kinder starren erschrocken ins Wasser.
Nur Kleiner Adler greift schnell nach einem langen Ast, der am Ufer liegt, und hält ihn in den kleinen Fluss.
Starker Büffel bekommt das Ende zu fassen und Kleiner Adler kann ihn mithilfe von Schnelles Pferd herausziehen.
Völlig durchnässt und zitternd vor Kälte und Schreck steht Starker Büffel da und wirkt auf einmal gar nicht mehr stark.
„Danke, Kleiner Adler! Danke, Schnelles Pferd!", murmelt er. „Ich glaube, das war wirklich keine gute Mutprobe."
Und Mutige Bärin sagt: „Ich finde überhaupt keine Mutprobe gut.
Es ist dumm, nicht mutig, solche Dinge zu tun!"
Die anderen Indianerkinder stimmen ihr zu.

Auch Starker Büffel nickt zaghaft.

„Das war wirklich knapp!", sagt er noch ganz außer Atem.

„Ich finde", sagt Mutige Bärin, „es war sehr mutig von Kleiner Adler und Schnelles Pferd, dir zu widersprechen. Und es war noch mutiger von ihnen, dir aus dem Fluss herauszuhelfen. Die beiden sollten jetzt zu uns gehören!"

Starker Büffel schaut Mutige Bärin erstaunt an. Aber schließlich nickt er. Gerade als er sagen möchte: „Jetzt gehören Kleiner Adler und Schnelles Pferd zu unserer Bande", spricht wieder Mutige Bärin: „Und ich finde, wir sollten nie mehr solche Mutproben machen, die einer bestimmen darf. Wir entscheiden in Zukunft alle zusammen, ob jemand in unsere Bande aufgenommen wird oder nicht. Denn echte Freunde brauchen sich ihren Mut nicht gegenseitig zu beweisen!"

Kleiner Adler lächelt Mutige Bärin an und die anderen Kinder rufen: „Genau, so machen wir das! Echte Freunde brauchen keine Mutproben!"

Ein Bilderbuch von Julia Volmert
mit Bildern von Pia Eisenbarth

Das Piratenschiff segelt durch die südliche See.
„Flaschenpost backbord voraus!", brüllt der lange Hein vom Ausguck hinunter.
„Flaschenpost? Wo? Wir sehen nichts!", rufen die anderen Piraten und rennen nach steuerbord.
„Zehnte Welle von links!"
„Feuer hin!", brüllt der Kapitän.
Bumm! Jimmy Kanone hat das große Geschütz abgefeuert.
„Schafskopf! Ich meinte doch: Steuer hin!", ruft der Kapitän Kaperkalle ärgerlich.
Der Käpt'n findet manchmal nicht die richtigen Worte, aber seine Mannschaft kennt das schon. Sie mögen ihn trotzdem, denn er ist ein sturmerprobter Seebär.
Aber manchmal werden sie aus seinen Befehlen einfach nicht schlau.
Doch nun steuert Steuermann John ganz nah an die Flasche heran,
die auf den Wellen tanzt.
Der Kapitän fischt die Flasche aus dem Wasser.
Er öffnet sie und schüttelt ein zusammengerolltes Pergament heraus.

„Da steht ja nichts drauf!", ruft Kaperkalle ungeduldig und will die Flasche samt Pergament wieder ins Wasser werfen.

„Halt, Kapitän!", sagt der kluge Malte. „Bestimmt ist der Brief mit geheimer Tinte geschrieben, damit ihn nicht jeder Schafskopf lesen kann."

„Äh, natürlich, du hast Recht. Das mit der Geheimtinte, das wollte ich auch gerade sagen", nickt der Kapitän und wirft Malte das Pergament zu.

Malte denkt eine Weile angestrengt nach. Dann zündet er eine Kerze an und hält das Pergament darüber, gerade so, dass das Pergament heiß wird, aber nicht anfängt zu brennen. Bald wird eine Schatzkarte mit einer Insel sichtbar.

„Hurra, eine Schatzkarte!", jubeln alle Piraten. „Und hier, hier vor der Insel ist im Meer ein versunkenes Schiff mit einer Schatztruhe eingezeichnet!"

„Wir segeln zur Schatzinsel!", ruft der Kapitän. „Sofort alle Flegel setzen!"

Die Mannschaft schaut sich erstaunt an, macht aber, was der Kapitän verlangt, und alle setzen sich.

Nun bemerkt der Kapitän, dass er wohl wieder etwas Falsches gesagt hat.

„Ich meinte natürlich: Sofort alle Segel setzen!"

Da springen alle erleichtert auf und rufen: „Hurra, wir segeln zum Schatz!" und setzen die Segel.

Bald haben sie die Schatzinsel gefunden.
Aber das Meer ist hier voller gefährlicher Klippen, an denen auch das Schiff mit dem Schatz vor vielen Jahren zerschellt ist.
„Wenn wir zu dem Schiffswrack wollen, muss der Steuermann ungeheuer gut steuern, sonst gehen wir alle unter", sagt der lange Hein, der vom Ausguck die Felsen am besten sehen kann. „Sollen wir das wagen?"
Steuermann John guckt sich alles genau an, überlegt und sagt dann:
„Das kann ich schaffen. Ich bringe unser Schiff heil durch die Klippen!"
„Dann los!", brüllt Käpt'n Kaperkalle.
Und Steuermann John steuert sicher zwischen den gefährlichen Felsen hindurch, bis sie genau über dem versunkenen Schiffswrack sind und den Anker werfen.

„Käpt'n, wenn ich mich nicht täusche, schwimmen hier mindestens zehn Haie herum", meldet der lange Hein vom Ausguck.
„Dann geh ich nicht ins Wasser", flüstert Malte.
„Ich auch nicht!", sagt da fast jeder aus der Mannschaft.
„Ihr Schissbuxen", schreit Kapitän Kaperkalle ärgerlich, aber natürlich traut er sich selber auch nicht ins Wasser.
Da hat Jimmy Kanone eine tolle Idee. Jimmy ist der schnellste Ruderer auf allen Meeren und keiner kann ihm das Wasser reichen.
Er holt einen Schinken aus der Kombüse, bindet ihn an ein langes Seil und steigt in das kleine Ruderboot.
Er rudert los, so schnell er kann, und zieht den Schinken an dem Seil hinter sich her.
Und die Haie?
Die schwimmen natürlich hinter dem Schinken her!
Jimmy hat die Haie bald weit hinaus aufs Meer gelockt, weg vom Schatz, sodass die anderen nun gefahrlos tauchen können.

Unten im klaren, blauen Wasser liegt das Schiffswrack auf der Seite.
„Die tückischen Biester sind weg! Aber wo ist der Schatz?", fragt der Käpt'n.
„Der Schatz ist in der Kapitänskajüte. Das Schiff liegt genau auf der Seite,
wo sich die Tür befindet. Leider kommen wir nicht in die Kajüte hinein",
stellt der kluge Malte fest.
Alle sehen etwas ratlos zu dem Schiff hinunter.
„Das haben wir gleich", ruft die rote Hanne fröhlich. Sie holt tief Luft,
springt ins Wasser und taucht.
Die rote Hanne ist die stärkste Piratin an Bord. Sie kann sogar den Käpt'n
im Armdrücken besiegen. Das schafft sonst keiner, nicht einmal der lange Hein.
Gespannt beobachten die Piraten, wie Hanne untertaucht.
Sie hält sich mit der einen Hand an dem zerbrochenen Mast fest und mit
der anderen Hand schwingt sie eine Axt. Mit gewaltigen Hieben schlägt sie
auf die morschen Deckplanken über der Kapitänskajüte ein.
Endlich hat sie ein Loch geschlagen. Vor lauter Luftanhalten ist ihr Gesicht
so rot wie ihre Haare geworden.
Aber das Loch ist zu klein. Die rote Hanne ist nicht nur stark, sondern auch
dick. Sie passt nicht hinein.

„Du musst die Mücke - äh - die Lücke größer machen,
da passt ja keiner von uns durch!", schimpft Kaperkalle.
Aber die rote Hanne schnappt nur nach Luft.
Sie ist nicht daran gewöhnt, so lange die Luft anzuhalten.
„Vielleicht kann ich es schaffen!" Die kleine Lizzy nimmt sich ein langes Tau
und taucht hinunter. Sie ist die Kleinste und Dünnste auf dem Piratenschiff.
Tatsächlich! Die kleine Lizzy muss ein bisschen den Bauch einziehen,
aber dann kann sie in die Kapitänskajüte hineintauchen.
Die Schatztruhe sieht sie gleich.
Sie bindet das Tau fest um die Truhe und taucht wieder auf.

Jetzt müssen sie die Schatztruhe nur noch an Bord hieven.
Das ist schwer!
Alle ziehen gemeinsam an dem starken Seil, das Lizzy
um die Schatztruhe geknotet hat.
Alle, bis auf den Kapitän.
Kaperkalle steht neben seiner Mannschaft und kommandiert:
„So, und jetzt ziehen alle zugleich! Hau ruck, hau ruck, hau ruck!"
Ächzend ziehen die Piraten den Schatz in die Höhe.
Wenn jetzt nur kein Hai kommt und das Seil durchbeißt!
Dann wäre alles umsonst.
Aber sie haben Glück. Das Seil hält.
Und bald schon steht die geheimnisvolle Kiste an Deck!
„Schön gemacht!", sagt der Käpt'n und klappt den Deckel der Truhe auf.

Alle Piraten drängen sich um die Kiste herum und starren hinein.
Wie das funkelt und glitzert!
Gold, Silber, Münzen, Ketten und Ringe. Und jede Menge Edelsteine, wie sie die Piraten noch nie gesehen haben.
Funkelnde rote Rubine, glitzernde Diamanten und leuchtend blaue Saphire.
„Ha, gut gemacht, Leute!", lobt Kapitän Kaperkalle. „Und jetzt schafft das Zeug in meine Kabine. Schließlich bin ich hier der Käpt'n, mir steht der Schatz zu."

Die Mannschaft sieht den Käpt'n erstaunt an.

„Na ja, jeder darf sich meinetwegen einen Edelstein nehmen.
Aber einen von den Kleinen", brummt er ungeduldig.

„Moment mal, Käpt'n! Das kann ja wohl nicht sein! Wenn ich mit meinen scharfen Augen nicht die Flaschenpost entdeckt hätte, hätten wir den Schatz nicht gefunden. Also gehört der Schatz mir!", ruft der lange Hein.

„Es ist mein Schatz! Ohne mich hättet ihr die Geheimtinte gar nicht entdeckt!", ruft der kluge Malte.

„Meiner ist es auch, denn ich habe unser Schiff durch die gefährlichen Klippen gesteuert", erinnert John, der Steuermann.

„Wir wären nie an den Schatz gekommen, wenn ich die Haie nicht weggelockt hätte", sagt Jimmy Kanone.

„Nur durch das Loch, das ich ins Deck geschlagen habe, konnten wir den Schatz heben", erklärt die rote Hanne, die immer noch ein bisschen schnauft.

„Vergesst nicht, dass nur ich in die Kapitänskajüte tauchen konnte!", ruft die kleine Lizzy.

Alle Piraten schreien nun wild durcheinander, es fehlt nicht viel und ein wilder Streit bricht aus. Jeder denkt, dass er den Schatz am meisten verdient hat.

„Schuhe, äh, nein: Ruhe!", brüllt Kapitän Kaperkalle. „Ihr habt alle Recht. Aber wer soll denn nun den Schatz bekommen?"
Alle Piraten sind still und schauen sich an.

Dann sagt der kluge Malte: „Ich denke, dass jedem ein Teil vom Schatz zusteht. Nur gemeinsam konnten wir ihn heben. Jeder hat das, was er am besten konnte, dazu beigetragen. Dann wollen wir ihn auch gerecht teilen."
„So wird's gemacht", nickt Kapitän Kaperkalle erleichtert. „Ein guter Vorschlag, Malte! Und für einen Piraten, der so eine gute Idee hat, wie man gerecht teilt, habe ich hier die ‚Gerechtigkeits-Medaille'."

Und weil der kluge Malte den Vorschlag gemacht hat und weil er auch am besten zählen kann, darf er den Schatz in gerechte Häufchen verteilen.

„Lasst uns ein großes Fest feiern!", schlägt der Kapitän vor.
„Oh, ja. Prima, das machen wir!" und „Gute Idee!", jubeln die Piraten.

Und schon bald sitzen alle Piraten auf der Schatzinsel ums Feuer herum und schmausen und singen Piratenlieder.
„Schätze zu finden macht Spaß", seufzt die starke Hanne zufrieden.
„Aber der Streit um den Schatz, der war nicht schön. Gut, dass Malte auf die Idee gekommen ist, ihn gerecht zu teilen. Denn viel wichtiger, als den größten Teil vom Schatz zu besitzen, ist es doch, Freunde zu haben."

Und da stimmen alle der starken Hanne zu.

Ein Bilderbuch von Bärbel Spathelf
mit Bildern von Susanne Szesny

Bärbel Spathelf - Susanne Szesny

Der kleine Aufräumfix

oder Wie man mit der Aufräumlokomotive schnell Ordnung schafft

albarello

Das sind Philip und Katharina. Sie wohnen mit ihren Eltern in einer schönen Wohnung. Philip hat sein eigenes Kinderzimmer.
Nachmittags spielen sie gerne zusammen.
„Wollen wir heute bei dir den Bauernhof aufbauen?", fragt Katharina.
„Ach, lass uns lieber zu dir gehen. In deinem Zimmer ist es viel schöner", meint Philip und versperrt den Eingang in sein Zimmer.
Katharina schaut hinein. „Klar, bei dir ist ja überhaupt kein Platz mehr zum Spielen. Wieso räumst du die Sachen nicht einfach weg?", will sie wissen.
„Die brauch ich alle noch", antwortet Philip und geht in Katharinas Zimmer.
„Na gut", mault Katharina. „Aber du hilfst mir später beim Aufräumen."

Die Kinder setzen sich auf den Boden und fangen an den Bauernhof aufzubauen.

Plötzlich hören sie die Mutter aus Philips Zimmer schimpfen: „Hier sieht es ja wieder fürchterlich aus! Unglaublich!" Dann kommt sie ins Zimmer gestürmt.

„Philip! In deinem Zimmer kann man sich ja nicht mehr rumdrehen", sagt sie wütend. „Du räumst sofort deine Spielsachen auf und wirfst den Müll auf deinem Bett in den Papierkorb."

„Ja, ja", antwortet Philip. „Ich mach's gleich. Ich muss nur noch mit Katharina den Bauernhof aufbauen", sagt er und wendet sich wieder den Figuren zu.

„Aber danach wirst du sofort Ordnung in deinem Zimmer schaffen", meint die Mutter. „Sonst kriegst du richtigen Ärger mit mir."

Philip stöhnt: „O.K., mach ich."

Die Kinder bauen weiter und bald ist der Bauernhof fertig.

Katharina schlägt vor: „Kannst du nicht noch deinen Traktor holen? Damit können wir die Tiere transportieren."

„Klasse Idee, ich hole ihn schnell", antwortet Philip.

Auf Zehenspitzen läuft er durch sein Zimmer und sucht nach seinem Traktor. Es ist gar nicht so leicht, nicht auf die Spielsachen zu treten.

„Wo ist nur mein Traktor?", grübelt Philip laut. Er kniet vor seinem Regal und zieht eine Kiste heraus. Was da alles drin ist!

„Wow, mein Flummi!", ruft er. „Und meine Medaille."

Und schon fliegen sie im hohen Bogen auf den Teppich zu den anderen Spielsachen. Aber der Traktor ist nicht dabei.

„Verflixt", schimpft Philip. „Wo ist der bloß?"

„Blöd, wenn man nichts mehr findet", kichert eine Stimme über ihm.

Philip schaut hoch. Ganz oben auf dem Regal sitzt ein kleines Männchen und lässt die Beine baumeln. In seinem Arm hält er einen niedlichen kleinen Hund.

„Was bist du denn für ein komischer Kerl?", will Philip wissen. „Und was machst du überhaupt da oben?"

„Eins nach dem anderen", antwortet das kleine Männchen.

„Ich heiße Aufräumfix und das ist Spürnase, mein Suchhund. Wir helfen Kindern ihre Spielsachen wieder zu finden."

„Ja, und was wollt ihr in meinem Zimmer?", fragt Philip.

„Ich schaue dir schon eine ganze Weile zu, wie du deinen Traktor suchst", antwortet der Aufräumfix. „Sollen wir dir vielleicht dabei helfen?"

„Oh, das wäre toll!", freut sich Philip.

Der kleine Kerl hüpft vom Regal und ruft: „Los, Spürnase! Such!"
Spürnase rennt sofort schnüffelnd los und wedelt mit dem Schwanz.
„Hi, der ist aber lustig", sagt Philip und schaut Spürnase zu.
Der kleine Aufräumfix läuft aufgeregt zwischen den Spielsachen
hin und her, hebt einige Dinge hoch und lässt sie wieder fallen.
„Schwierig, wirklich schwierig", murmelt er. „Hier ist aber auch ein
schlimmes Durcheinander. Gar nicht so einfach, hier was zu finden."
Da kommt Spürnase plötzlich zurück, schüttelt mit dem Kopf und wirft
Aufräumfix ein Bonbonpapier vor die Füße.

„Oje! Ich glaube, Spürnase kann in deinem Zimmer nichts finden, weil hier so viel Müll herumliegt", sagt Aufräumfix und klopft seinem kleinen Hund auf den Rücken. „Aber ich hab noch eine Idee!"
Er lässt sich auf den Bauch fallen und leuchtet mit seiner kleinen Lampe unter Philips Bett.
„Spürnase, komm her!", ruft er.
Spürnase schnüffelt und steckt seinen Kopf unter Philips Bett.
„Such! Such den Traktor!", ruft der kleine Aufräumfix.
Spürnase verschwindet fast ganz unter dem Bett. Nur sein Schwanz schaut noch heraus und wedelt hin und her.
Philip schaut neugierig zu.
„Ist der Traktor da?", will er wissen.
Unter dem Bett ist ein Geraschel und Geschnupper zu hören.
Dann bellt der kleine Hund: „Wau, wau!"
„Ich glaub, er hat was gefunden", ruft der kleine Aufräumfix aufgeregt.

Und tatsächlich schleift Spürnase Philips Traktor unter dem Bett hervor. Er ist über und über mit Staub bedeckt und muss einmal kräftig niesen: „Hatschi!"
„Gut gemacht, Spürnase", lobt Aufräumfix. „Mann oh Mann. Den hättest du alleine nicht gefunden", sagt er zu Philip.
Philip nickt mit dem Kopf.
„Vielen Dank! Könnt ihr zwei mir nicht öfter beim Suchen helfen?", fragt Philip.
Aufräumfix schaut sich um.
„Da müssten wir ja für immer hier bleiben", überlegt er. „Nein, das geht nicht!", ruft er dann entschlossen. „Andere Kinder brauchen auch meine Hilfe. Aber ich könnte dir Spürnase hier lassen. Er ist ein nützlicher kleiner Kerl."
Philip nickt begeistert. „Klasse!", ruft er.
„Vorher", sagt dann Aufräumfix, „müssen wir hier aber mal richtig aufräumen. Sonst kann Spürnase nichts finden. Er hat eine sehr empfindliche Nase und mag keine schlechten Gerüche."
„Oh, das finde ich echt toll!", ruft Philip begeistert. „Mama ist schon ganz sauer, weil es hier so unordentlich ist."

„**A**ber", wendet Aufräumfix ein, „du musst mithelfen, sonst kriegen wir das Chaos nicht in den Griff."
Mit diesen Worten steht er auf und holt leere Kisten aus der Ecke und aus dem Schrank.
„Und wenn das nicht reicht", sagt er, „hab ich hier noch ein paar Kartons mitgebracht."
Plötzlich steht Katharina in der Tür.
„Philip! Hast du deinen Traktor endlich gefunden?", ruft sie.
Doch dann sieht sie den kleinen Aufräumfix und kann nur noch stammeln: „W-Wer b-bist du d-denn?"
„Hallo, Katharina", begrüßt das Männchen Katharina und Spürnase springt erfreut an ihr hoch.
„Das ist Spürnase und ich bin Aufräumfix. Wir versuchen ein bisschen Ordnung in Philips Zimmer zu machen", sagt das Männchen.
„Oh, kann ich mithelfen?", fragt Katharina.
„Ich denke schon", meint Aufräumfix und schaut Philip an.
„Na klar", sagt Philip.

„Aber bevor ich aufräume, will ich wissen, warum ich eigentlich Ordnung halten soll."

„Nun, einen Grund hast du ja gerade selbst erlebt", antwortet der kleine Aufräumfix. „Bei zu viel Unordnung findet man nichts mehr. Nicht einmal Spürnase."

„Außerdem kannst du in deinem eigenen Zimmer nicht mehr spielen, weil kein Platz mehr da ist", ergänzt Katharina. „Und du kannst ja schließlich nicht immer in meinem Zimmer spielen."

Philip nickt mit dem Kopf.

„Und wenn neben den ganzen Spielsachen auch noch benutzte Gläser oder Jogurtbecher herumliegen, dann ist das eklig", fährt Aufräumfix fort.

Spürnase schüttelt sich und schnieft.

„O.K.! Überzeugt. Dann fangen wir mal an", meint Philip.

„Na, dann mal los", sagt Aufräumfix und lacht. „Könntest du einen Abfalleimer besorgen, Katharina", schlägt er vor.

„Ja, mach ich", sagt Katharina. „Aber wartet auf mich mit dem Aufräumen."

Sie läuft aus dem Zimmer, um einen Abfalleimer zu holen.
Spürnase hüpft hinter ihr her.
„Meinst du, der ist groß genug?", fragt sie ihn.
Spürnase bellt: „Wuff, wuff!", und wedelt mit dem Schwanz.
Als sie mit dem Papierkorb zurückkommen, ruft der kleine Aufräumfix:
„Spürnase! Such nach Papierschnipseln, Bonbonpapier und Kaugummihüllen!
Such!"
Der kleine Hund fängt sofort an den Boden und das Bett nach Dingen
abzusuchen, die man wegwerfen kann.
„Schnüff, schnüff." Er nimmt sie in die Schnauze, schüttelt sie nach rechts
und nach links und wirft sie in den Abfalleimer.
„Wuff, wuff", freut er sich jedes Mal.
„Als Nächstes müssen alle Gläser, Tassen, Teller und Jogurtbecher in die
Küche", schlägt Aufräumfix vor. „Das könnt ihr zusammen machen."
Philip sammelt alles ein und Katharina stapelt es übereinander.
„Das ist ja ganz schön viel", sagt Philip und sie balancieren die Dinge in
die Küche.
„Die Gläser und Tassen können wir gleich in die Spülmaschine stellen", sagt
Katharina.
„Und die Teller auch", meint Philip. „Und die Jogurtbecher werfen wir gleich
in den Mülleimer."

Im Kinderzimmer bindet Aufräumfix nun einige Kartons zusammen und ruft: „Jetzt müsst ihr aber schnell kommen! Wir fangen an."
Philip, Katharina und Spürnase stürmen ins Kinderzimmer.
Der kleine Kerl sitzt in einem Karton, den er zu einer Lokomotive umgebaut hat.
„Alles einräumen!", ruft er. „Alles einräumen in meine Aufräumlokomotive!"
Er schnauft wie eine Dampflok und die Kinder und Spürnase werfen die Spielsachen in die Kartons. Die Bausteine landen in einer Kiste und die Autos kommen in eine andere Kiste.
So geht es weiter, bis fast alles vom Boden aufgehoben ist.
Auch vorne in die Lokomotive räumen sie einige Sachen, so dass für Aufräumfix kaum noch Platz bleibt.
Spürnase hat riesigen Spaß und wirbelt zwischen den Spielsachen hin und her.
„Wuff, wuff", bellt er jedes Mal, wenn er wieder etwas gefunden hat.
„Meine Kassetten werden aber nicht geworfen", sagt Philip und ordnet sie sorgfältig in einer kleinen Box und legt sie dann in einen Wagon, in dem schon die Bücher liegen.
„Und die Buntstifte gehen auch kaputt, wenn man sie wirft", sagt Katharina.
Als schließlich alle Sachen in den Kisten verschwunden sind, ruft Aufräumfix: „Achtung! Die Aufräumlokomotive fährt jetzt ab!"

„**S**ind wir denn schon fertig?", wundert sich Katharina.

„Noch nicht ganz", antwortet der kleine Aufräumfix.

„Philip, du musst uns jetzt sagen, wo die Kisten genau hin sollen."

Philip überlegt: „Die Bausteine und die Autos möchte ich gerne unten ins Regal stellen, weil sie so schwer sind."

Aufräumfix bindet die Kisten los und ruft: „Abgekoppelt! Bitte wegräumen!"

Katharina und Philip heben die Kisten ins Regal.

„Die Kassetten und die Kiste mit meinen Holztieren können auch ins Regal, aber weiter nach oben", überlegt Philip und bindet die nächsten Kisten los.

„Meine Bilderbücher gehören natürlich auch dort hinein."

„Und für deine Stofftiere ist im Regal auch noch Platz", schlägt Katharina vor.

Sie nehmen sie alle aus den Wagons heraus und setzen sie ins Regal.

„Mein ‚Paulinchen' darf aber auf meinem Bett sitzen", sagt Philip und nimmt seinen Lieblingsbären in den Arm.

„Und wo sollen die Buntstifte hin?", fragt Katharina.

„Die kommen in die Schublade", antwortet Philip.

„So, jetzt ist nur noch die Holzeisenbahn in unserer Aufräumlok übrig", sagt der kleine Aufräumfix.

„Mit der Holzeisenbahn spiele ich eigentlich im Moment gar nicht", meint Philip. „Die kann ich ja einige Zeit in den Keller stellen."

„Gute Idee", sagt Aufräumfix. „Und wenn du wieder Lust hast damit zu spielen, holst du sie wieder hoch."

„Ich hätte gar nicht gedacht, dass Aufräumen so viel Spaß machen kann", sagt Philip.

Der kleine Aufräumfix lächelt. „Jetzt hat jedes Ding erst einmal seinen festen Platz. Das ist wichtig", sagt er. „Was aber noch wichtiger ist: Ihr müsst eure Sachen immer wieder zurückräumen, wenn ihr nicht mehr damit spielt. Dann kann Spürnase bei euch bleiben und helfen eure Sachen zu finden."

„Aber wenn ich gerade was Tolles gebaut habe?", beginnt Philip.

„Kannst du es natürlich stehen lassen", antwortet Aufräumfix. „Das macht Spürnase nichts aus."

„Klasse", sagt Philip.

Der kleine Aufräumfix gibt Philip Spürnase und sagt: „Pass gut auf ihn auf! Ich werde euch ab und zu besuchen und schauen, ob alles in Ordnung ist."

Philip strahlt.

In der Tür winkt Aufräumfix nochmal und dann ist er verschwunden.

Dafür hören sie die Mutter aus dem Wohnzimmer: „Philip, hast du schon dein Zimmer aufgeräumt?"
„Natürlich", ruft Philip zurück. „Du kannst ja gleich mal gucken!"
Die Mutter kommt in Philips Zimmer und traut ihren Augen nicht.
„Du hast ja wirklich toll aufgeräumt", staunt sie.
„Und ich hab ihm geholfen", fügt Katharina hinzu.
„Wie habt ihr das denn bloß geschafft?", will die Mutter wissen.
„Das – das bleibt unser Geheimnis", antworten Katharina und Philip wie aus einem Munde.
„Aha – euer Geheimnis. Davon müsst ihr mir nachher erzählen", sagt die Mutter, „aber nun müssen wir erst einmal einkaufen gehen. Verflixt – wo ist denn nur mein Hausschlüssel?", überlegt sie.
„Das ist wohl schon wieder ein Fall für Spürnase", flüstert Philip Katharina ins Ohr und beide kichern laut los.

Ein Bilderbuch von Jutta Belke
mit Bildern von Susanne Szesny

Jutta Belke – Susanne Szesny

Benni Benimm

zeigt Tipps und Tricks, wie man sich gut benimmt

albarello

Das ist Max.
Manchmal darf Max schon alleine mit seinem Freund Paul
auf den Spielplatz im Park nebenan gehen.
Dort gibt es ein tolles Klettergerüst und eine große Wiese.
Da darf er rennen, klettern, hüpfen und Paul jagen.
Max spielt gerne draußen. Da muss er nicht immer aufpassen,
dass er leise ist.
Am liebsten spielen Max und Paul mit ihren Freunden Fußball.
Heute können sie nicht so lange auf dem Spielplatz bleiben,
weil ihr Freund Konrad Geburtstag hat.
Wenn der große Zeiger der Kirchturmuhr auf der Zwei steht,
soll Max nach Hause kommen.
Seine Mutter hat gesagt, dass er dann das Geschenk holen soll
und zu Konrad gehen darf.

Als Max nach Hause kommt, ist seine Mutter nicht alleine.
Sie hat Besuch. Frau Röder ist da. Sie ist fast wie eine Großmutter.
Manchmal, wenn Mama und Papa abends weggehen, dann kommt sie und passt auf Max und seine Schwester auf.
Frau Röder hat immer viel Zeit für spannende Geschichten.
Aber heute Nachmittag trinkt sie eine Tasse Tee mit seiner Mutter.
Max freut sich, als er Frau Röder sieht.
Er rennt zu ihr hin, sagt: „Hallo, Frau Röder!", und will ihr die Hand geben.
Da ruft seine Mutter ganz erschrocken: „Aber Max, bist du denn von allen guten Geistern verlassen? Du hast noch den ganzen Schmutz vom Spielplatz an deinen Schuhen! Und sieh mal deine Hände an! So kannst du Frau Röder doch nicht die Hand geben! Schnell, schnell, ins Bad mit dir!"
Max ist ganz enttäuscht.
Und er schämt sich auch ein bisschen.
Mama hat Recht, seine Hände sind wirklich schmutzig.

Während Max im Bad steht und die Erde von den Händen schrubbt, denkt er: „Mama hat immer lustige Ideen. Sie fragt mich, ob ich von allen guten Geistern verlassen bin! Die guten Geister waren noch nie bei mir!"

„Doch, heute!", hört er ein lustiges Stimmchen. „Ich heiße Benni Benimm. Ich komme gerne zu allen Kindern, die mich brauchen. Manchmal können Kinder nicht raten, was Erwachsene von ihnen wollen, und dann kommen meine Freunde und ich. Wir flüstern den Kindern ins Ohr, was sie am besten tun, damit die Großen nicht immer schimpfen müssen."

Max freut sich, denn auf dem Waschbeckenrand hüpft ein kleiner, lustiger Geist herum.

„Aber woher wisst ihr denn, dass es Kinder gibt, die euch brauchen?", fragt Max neugierig.

„Das ist ganz einfach", sagt Benni. „Die Kinder müssen nur an die guten Geister denken. Wir können nämlich Gedanken lesen. Du siehst, als du eben an die guten Geister gedacht hast, bin ich sofort gekommen! Meine Freunde und ich wissen immer Rat, wenn Erwachsene die Nase rümpfen, weil sie glauben, Kinder können sich nicht benehmen!"

Max freut sich. „Prima, dann kannst du mir ja jetzt gleich sagen, warum Mama eben so ärgerlich war."

„Das ist gar nicht so schwer", sagt Benni. „Deine Eltern geben sich viel Mühe, mit dir in einem gemütlichen Zuhause zu leben. Wenn deine Eltern nun die Wohnung schön sauber geputzt haben, dann war alle Mühe umsonst, wenn die Kinder mit der Erde von draußen an den Sohlen alles wieder schmutzig machen. Das hat deine Mutter bestimmt gedacht."

„Und was soll ich jetzt tun?", fragt Max.

„Das sagt dir mein Freund Harry Hände-Sauber", entgegnet Benni. Und ehe Max sich wundern kann, sitzt auch schon ein zweiter lustiger Geist auf dem Waschbeckenrand.

Wie Benni es vorausgesagt hat, weiß Harry Rat: „Wenn Erwachsene sich treffen, dann geben sie sich die Hand, um sich zu begrüßen. Besonders, wenn man sich freut, jemanden zu sehen. Dummerweise spielen Erwachsene aber nicht auf Spielplätzen, meistens haben sie saubere Hände. Am besten ziehst du dir die Spielplatzschuhe aus, wenn du nach Hause kommst. Dann gehst du ins Bad und wäschst dir deine Hände. Und heute gehst du zu Frau Röder und sagst: ‚Guten Tag, Frau Röder!' Dann wartest du, bis sie dir die Hand reicht. Erst dann gibst du ihr deine Hand."

Max fühlt sich ganz mutig. Und er schämt sich nicht mehr.
Er geht ins Esszimmer auf Frau Röder zu. Er schaut in ihre freundlich funkelnden grünen Augen und sagt: „Guten Tag, Frau Röder!"
Frau Röder freut sich sehr, dass Max zu ihr gekommen ist. Sie steht auf, reicht ihm ihre rechte Hand und sagt: „Guten Tag, mein lieber Max! Du bist aber groß geworden, ich freue mich sehr, dass du mich so freundlich begrüßt. Du warst doch im Park Fußball spielen, da hast du bestimmt einen großen Hunger. Komm, setz dich zu uns, deine Mutter hat sehr leckeren Kuchen gebacken."
Max hat tatsächlich großen Hunger, aber er muss noch ein bisschen warten. Seine Mutter hat das Geschenk für Konrad in schönes Papier mit vielen roten Autos drauf eingepackt. Er nimmt das Geschenk und sagt zu Frau Röder: „Nein, danke, mein Freund Konrad hat heute Geburtstag, ich glaube, ich muss jetzt gehen. Auf Wiedersehen, Frau Röder!"
Und schon rennt er zur Tür hinaus.

Als Max bei Konrad ankommt, ist Paul auch schon da und alle Kinder sitzen im Garten um den großen Tisch herum und wollen Kuchen essen. Max rutscht auf seinen Stuhl und ruft: „Ich will das große Stück!"
Da sieht Max, wie Konrads Großmutter ärgerlich die Stirn runzelt.
„Was habe ich nur falsch gemacht?", fragt er sich und muss an die guten Geister denken.
Schon hört er ein lustiges Stimmchen in seinem linken Ohr und spürt ganz leichte, dünne Beine auf seiner Schulter.
„Hallo, ich bin Betty Bitte-Schön. Nur ganz kleine Kinder kennen noch nicht den Unterschied zwischen wollen und dürfen. Große Kinder sagen: ‚Darf ich bitte das große Stück haben?'"
„Darf ich bitte das große Stück haben?", fragt Max ganz mutig.
Da lacht Konrads Großmutter und sagt: „Na, wenn du so freundlich fragst, gebe ich dir gerne das größte Stück!"
Max will gleich anfangen zu essen, aber da schaut die Großmutter wieder so böse.
Nun hört Max in seinem rechten Ohr eine zweite Stimme: „Ich bin Dora Danke-Sehr, die Zwillingsschwester von Betty Bitte-Schön. Wenn du etwas bekommen hast, dann sagst du ganz einfach Danke. Du wirst sehen, bitte und danke sind bei den Erwachsenen wie Zauberwörter: Hören sie die, dann lächeln sie."
„Das muss ich gleich einmal ausprobieren", denkt Max.
Er sagt: „Danke!", und Konrads Großmutter lächelt tatsächlich.

Während die Kinder Kuchen essen, sagt Konrads Mutter: „Wenn ihr genug gegessen habt, werden wir im Garten Sackhüpfen spielen. Und dann ..."
Max ist begeistert. Ihm fällt fast der Kuchen aus dem Mund: „Au ja, umb bamm bömmen wieber Pirapem jaben!"
Konrads Mutter sieht Max streng an. Irgendetwas stimmt nicht.
Max denkt an die guten Geister.
Schon hört er eine lustige Stimme, die in sein linkes Ohr spricht: „Hallo, ich heiße Klara Klappe-Zu. Weißt du, Max, du kannst dich ja nicht im Spiegel sehen! Für alle aber, die dich anschauen, ist es nicht so appetitlich, deinen Schokoladenbrei zwischen den Zähnen herausquellen zu sehen. Mach den Mund zu und iss zu Ende, bevor du etwas sagst."
Plötzlich spürt Max noch ein paar dünne Beine auf seiner rechten Schulter und hört noch ein lustiges Stimmchen in seinem rechten Ohr: „Und ich heiße Dido Du-Bist-Dran. Max, wenn du deinem Freund Paul gerade einen Witz erzählst und deine kleine Schwester quatscht einfach dazwischen, was bist du dann?"
„Sauer", denkt Max.
„Siehst du, wenn jemand spricht, sollte man ihn erst zu Ende sprechen lassen, denn Zwischenquatscher sind ärgerlich. Wenn Konrads Mutter eine Pause macht und dein Mund gerade leer ist, kannst du etwas sagen."

Endlich dürfen die Kinder um die Wette sackhüpfen.
„So ein Mist!", denkt Max. „In meiner Mannschaft ist die dicke Tiziana.
Da verlieren wir bestimmt."
Als Tiziana an der Reihe ist, hat sie auch noch großes Pech.
Sie stolpert und liegt im Gras. Ihre neue rosa Bluse ist ganz grün. Sie weint.
Max grölt lachend: „Kein Wunder, wer so viel süße Limonade trinkt,
kann gar nicht richtig hüpfen!"
Da sieht er, wie Konrads Mutter ganz ärgerlich guckt.
Plötzlich hört er eine Stimme in seinem rechten Ohr: „Hallo, ich bin
Loretta Lach-Nicht-Aus. Was du eben gemacht hast, ist aber nicht sehr
nett. Jeder Mensch hat kleine Schwächen. Und Tiziana isst halt nun mal
gerne Schokolade und ist nicht so schlank wie du. Dafür ist sie große
Klasse im Malen! Hat sie dich schon einmal ausgelacht, weil du nicht
gut malen kannst?"
Max hört noch eine Stimme in seinem linken Ohr: „Ich bin Schorschi
Schadenfroh. Natürlich weiß gerade ich, dass es leicht ist, anderen Pech
zu wünschen. Aber ist das fair? Tiziana ist in deiner Mannschaft,
hilf ihr lieber, damit sie schneller aufsteht, ihr wollt doch gewinnen!"
Dann hört Max noch eine dritte Stimme: „Ich bin Toni Tut-Mir-Leid.
Denk mal darüber nach, wie traurig du wärest, wenn dich jemand
ausgelacht hätte, weil du nicht so gut malen kannst. Willst du dich nicht
bei Tiziana entschuldigen?"

Max hat ein schlechtes Gewissen.
Er rennt zu Tiziana, hilft ihr und flüstert ihr zu: „Tut mir Leid."
Dann feuert er sie an, damit auch sie das Ziel erreicht.
Nun ist Max an der Reihe. Die andere Mannschaft ist schon viel weiter.
Max will unbedingt gewinnen. Er kürzt den Weg einfach ab.
Er kommt dann noch zur gleichen Zeit wie Jakob ins Ziel.
„Max hat geschummelt!"
Konrads Mutter schaut nicht sehr freundlich.
Da hört Max wieder eine Stimme in seinem rechten Ohr.
„Ich bin Fridolin Faires-Spiel. Ich weiß, dass du gewinnen willst, aber heute waren die anderen einfach schneller. Manchmal ist es schwer zu verlieren. Es gibt auch bestimmt wieder Gelegenheiten, wo du zeigen kannst, wie schnell du bist, und wo du mehr Glück hast."
Konrads Mutter sagt: „Die Mannschaft von Jakob, Paul, Katharina und Christoph hat gewonnen. Weil ihr euch aber alle so viel Mühe gegeben habt, dürft ihr nun ins Wohnzimmer gehen und aus dem großen Korb ‚Gewinne angeln' spielen."

Im Wohnzimmer steht ein großer Wäschekorb mit bunten Päckchen.
Die Kinder stehen mit ihren Angeln um den Korb herum und versuchen,
die kleinen Haken in die großen Schlaufen zu hängen.
Sie sind alle gespannt, was sie sich da herausfischen.
Plötzlich kann sich Max nicht mehr beherrschen. Mit einem lauten „Ups"
kommt die ganze Luft aus seinem Magen. Doch damit nicht genug.
Es ist noch mehr Luft in seinem Bauch und Max kann nicht verhindern,
dass dieses tiefe „Pffft" aus seinem Po kommt.
Jakob brüllt: „Uahh, das stinkt ja hier!"
Alle Kinder schauen Max an.
Das ist für ihn schrecklich unangenehm. Was soll er nur machen?
Er muss an die guten Geister denken.
In seinem rechten Ohr hört er wieder ein lustiges Stimmchen.
„Ich bin Pepita Pups-Allein. Es ist ganz einfach. Wenn du merkst,
dass du pupsen musst, dann gehst du aus dem Zimmer raus,
am besten auf die Toilette. Für andere ist es nämlich gar nicht
angenehm, die Stinkerei zu riechen."
Und in seinem linken Ohr sagt ein zweites Stimmchen: „Ich bin Rudi Rülps-
Doch-Leis. Wenn du merkst, dass Luft aus deinem Mund kommt,
dann musst du nicht zur Toilette gehen. Da reicht es, wenn du dir die
Hand vor den Mund hältst und versuchst, möglichst leise zu sein.
Du merkst es nicht, aber auch die Luft aus deinem Mund riecht komisch.
Und das ist für andere nicht so angenehm."
Schon hat sich jedes Kind ein kleines Paket geangelt und alle packen
gespannt kleine Puzzles, Rennautos und Spielfiguren aus.
So viele schöne Gewinne!

Konrads Mutter kommt ins Zimmer und sagt: „Und nun spielen wir Schatzsuche. Im ganzen Haus verteilt findet ihr kleine Rätsel. Wenn ihr die Rätsel löst, wisst ihr, wie ihr den Schatz findet."
„Au Backe!", denkt Max. „Da haben wir noch mal Glück gehabt, dass Tiziana in unserer Mannschaft ist, die kann so gut rätseln."
Und tatsächlich, es gelingt ihnen, den Schatz als Erste zu finden.
Max, Konrad, Tiziana und Franziska stecken die Köpfe zusammen und bestaunen den Schatz: ganz, ganz viele goldene Schokoladentaler, die sie untereinander aufteilen.
Da muss Max niesen und husten.
Konrads Mutter steht in der Tür und schaut ganz unfreundlich.
„Was ist denn jetzt schon wieder?", denkt Max.
Da hört er in seinem rechten Ohr ein Stimmchen. „Ich bin Hugo Hand-Vor-Den-Mund. Wenn du niesen und husten musst, kommen aus deinem Mund ganz viele kleine Krankmacher herausgeflogen.
Die heißen Viren oder Bakterien. Sie stecken die anderen an, wenn sie eingeatmet werden. Das geht besonders schnell, wenn man nah nebeneinander steht. Und damit das nicht passiert, ist es besser, sich aus Rücksicht die Hand vor Mund und Nase zu halten. Am besten ist es, sich danach auch die Hände zu waschen, weil die Viren und Bakterien in deiner Hand noch einige Zeit weiterleben."
„Dann habe ich", denkt Max, „bestimmt die Viren von Paul bekommen. Der hatte letzte Woche nämlich einen Schnupfen."
„Hatschi!" Max muss noch einmal niesen, und dieses Mal denkt er daran, sich die Hand vor Mund und Nase zu halten.

Der Kindergeburtstag geht zu Ende.
Alle setzen sich noch einmal an den Tisch und essen Pizza.
Max kann es kaum erwarten. Er will Konrads Mutter den Teller
aus der Hand nehmen.
Da passiert es.
Das Glas kippt um und ein großer roter See ist auf der Tischdecke.
Max ist ganz unglücklich. Das wollte er nicht.
Da spürt Max wieder dünne Beinchen auf seiner Schulter und hört
seinen Freund Benni Benimm: „Du kennst doch jetzt uns gute Geister.
Wir helfen dir immer, wenn du nicht weißt, was du tun sollst.
Es ist manchmal nicht ganz leicht. Jeder Mensch ist etwas Besonderes.
Manche können etwas besonders gut, andere geben sich besonders
viel Mühe, etwas gut zu machen. Jeder tut sein Bestes. Und es ist ganz
wichtig, das zu wissen und manchmal auch, es den Freunden zu zeigen.
Sei immer so, wie du möchtest, dass die anderen auch zu dir sind."
Max denkt an Konrads Mutter. Sie hat für heute leckeren Schokoladen-
kuchen gebacken. Sie hat sich tolle Spiele ausgedacht und schöne
Gewinne gekauft, die die Kinder mit nach Hause nehmen dürfen.
Und sie hat leckere Pizza gebacken und den Tisch mit den vielen Kerzen
für Konrad gedeckt. Es war ein toller Nachmittag.
Er sagt: „Entschuldigen Sie bitte, das mit dem Glas habe ich nicht gewollt,
es ist einfach so passiert."
Da lächelt Konrads Mutter: „Das weiß ich doch. Mach dir keine Sorgen,
die Tischdecke wird von der Maschine gewaschen."
Da ist Max aber froh.

Als Max sich später verabschiedet, sagt er zu Konrads Mutter:
„Vielen Dank für den tollen Nachmittag. Am meisten Spaß
hat das Sackhüpfen gemacht und die Pizza war so lecker."
Da lacht Konrads Mutter und ihre blauen Augen funkeln Max
freundlich an.
Max sieht, dass sie sich sehr freut.
Wenn Max sich Mühe gibt und besonders gut singt, dann freut er sich
auch, wenn die Erzieherin etwas Nettes zu ihm sagt.
„Es freut mich sehr, dass du viel Spaß hattest", antwortet Konrads Mutter.
„Auf Wiedersehen, Max!", sagt sie und gibt ihm die Hand.
Und Max denkt: „Es ist gar nicht so schwer, sich gut zu benehmen,
wenn man nur an die guten Geister denkt."

Und du? Welche guten Geister kennst denn du?

Überlege einmal, an welche guten Geister du denken kannst,
wenn du dich richtig gut benehmen sollst. Vielleicht kennst du auch diese hier?

Charlotte
Schmatz-Nicht-So

Paula
Probier-Doch-Mal

Gustav
Gib-Nicht-An

Berti
Benutz-Dein-Besteck

Nina
Nicht-In-Der-Nase-Bohren

Mario
Mund-Abputzen

Günther
Glotz-Nicht-So

Trudi
Tratsch-Nicht

Petra
Petz-Nicht

Anton
Antworte-Doch-Mal

Franzi
Füße-Vom-Tisch

Siggi
Sei-Bitte-Leise

Donald
Drängel-Nicht

Norbert
Nies-Ins-Taschentuch

Tipps zu den Büchern:

Zu dem Buch 'Mein Schatz. Nein, meiner!' kannst du
dir diese Gerechtigkeitsmedaille basteln:

So wird's gemacht:

Kopiere die beiden Seiten der Medaille oder drucke sie einfach unter 'www.albarello.de/Spiel- und Bastelideen' aus. Besonders schön wird deine Medaille, wenn du sie auf farbigem Papier kopierst oder ausdruckst. Dann schneidest du beide Seiten der Medaille an der äußeren Linie mit einer Schere aus. Lasse dir dabei von einem Erwachsenen helfen, denn Scheren können sehr spitz und scharf sein. Das gilt auch für den nächsten Bastelschritt. Lege eine ausgeschnittene Medaillenseite auf eine Pappe und zeichne den Rand nach. Danach schneidest du die Pappe aus. Die Pappe ist der 'Kern', das Innere deiner Medaille. Jetzt noch die beiden Seiten auf die Vorder- und Rückseite der Pappe kleben und fertig ist deine eigene Gerechtigkeitsmedaille.
Solltest du die Medaille an eine Kordel oder einen Bindfaden hängen, denke daran: Die Schnur nicht um den Hals hängen! Mache die Medaille besser an einem Knopf
oder am Gürtel fest!

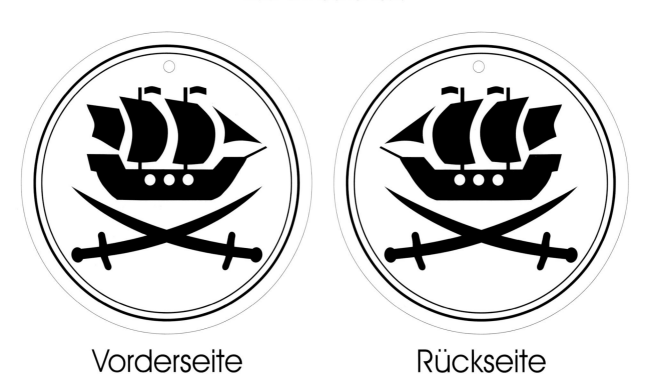

Vorderseite　　　　Rückseite

Die Basteltipps kann man auch als Vorlage unter:
www.albarello.de/Spiel- und Basteltipps
kostenfrei ausdrucken.

Tipps zu den Büchern:

Zu dem Buch 'Der kleine Aufräumfix' kannst du die Aufräumfix-Lokomotive nachbauen:

So wird's gemacht:

Besorge dir einige stabile Kartons, die nicht allzu groß sind. Für das Führerhaus der Lokomotive benötigst du einen etwas kleineren Karton, damit er aufrecht in einen größeren Karton gestellt werden kann. Nun befestigst du an den Schmalseiten der Waggons und der Lokomotive Kordeln, sodass alle Kartons zu einem Zug verbunden werden können. Dann stellst du den kleineren Karton aufrecht in den ersten Karton des Zuges. Jetzt kannst du, wenn du Lust dazu hast, den Zug noch anmalen oder bekleben.
Fertig ist die Aufräumlokomotive.

Die Basteltipps kann man auch als Vorlage unter:
www.albarello.de/Spiel- und Basteltipps
kostenfrei ausdrucken.

Der Bilderbuch-Sammelband
„Von Piraten, Indianern und guten Geistern"
ISBN 978-3-86559-074-9
Neue Rechtschreibung

Dieser Sammelband enthält die Bilderbücher:

„Indianerkind Kleiner Adler"
© 2012 Christine Jüngling (Text)
© 2012 Susanne Szesny (Illustration)
© 2012 Albarello Verlag GmbH, Haan

„Mein Schatz. Nein, meiner!"
© 2012 Julia Volmert (Text)
© 2012 Pia Eisenbarth (Illustration)
© 2012 Albarello Verlag GmbH, Haan

„Der kleine Aufräumfix"
© 2012 Bärbel Spathelf (Text)
© 2012 Susanne Szesny (Illustration)
© 2012 Albarello Verlag GmbH, Haan

„Benni Benimm"
© 2012 Jutta Belke (Text)
© 2012 Susanne Szesny (Illustration)
© 2012 Albarello Verlag GmbH, Haan

**Kostenfreie Ausdruckmöglichkeiten für die „Aufräumlokomotive"
und die „Gerechtigkeitsmedaille" stehen im Internet bereit unter:**

www.albarello.de/Spiel- und Bastelideen

Albarello - Für Kinder die schönsten Bücher!
Weitere Bilderbuch-Sammelbände zu starken Themen:

Der Bilderbuch-Sammelband
„VOM STREITEN, QUENGELN UND VERTRAGEN"
Vier Bilderbuch-Hits in einem Band!
Christine Jüngling, Bärbel Spathelf,
Julia Volmert (Text), Susanne Szesny (Illu.)
ab 3, 112 Seiten, Fester Einband,
22,5 x 28,5 cm
ISBN: 978-3-86559-066-4

Vier Bilderbuch-Hits in einem abwechslungsreichen Sammelband! In allen Bilderbüchern dieses Sammelbandes geht es nicht nur um die richtige Art, sich mit anderen oder in der Gruppe auseinanderzusetzen, sondern auch darum, wie man Streit vermeiden kann. Einfache Regeln helfen, die Lösungsansätze auch im Familienalltag oder im Kindergarten durchzuhalten.

Der Sammelband enthält folgende Bilderbuch-Hits:
- **Die kleinen Streithammel**
- **Der kleine, freche Quengelkasper**
- **Der Freundschaftsstein**
- **Nicht flunkern, kleiner Prinz!**

Auch zu diesen Bilderbüchern gibt es tolle begleitende 'Spiel- und Bastelideen' im Internet unter 'www.albarello.de'

DER BILDERBUCH-SAMMELBAND
„ICH BLEIB GESUND!"
3 Bilderbücher in einem Band.
Julia Volmert (Text), Bärbel Spathelf (Text),
Susanne Szesny (Illustration)
ab 3, 96 Seiten, 22,2 x 28,5 cm
Hardcover, fester Einband
ISBN: 978-3-86559-071-8

Drei Bilderbuch-Hits in einem Sammelband rund um das Thema „Gesund sein und bleiben".

Der Sammelband enthält folgende Bücher:
- **Die Zahnputzfee**
Mit der Zahnputzfee alles Wichtige über gesunde Zähne lernen. Philip und Katharina entdecken beim Zähneputzen die kleine Zahnputzfee, die ihnen zeigt, wie man richtig die Zähne putzt. Dieses Buch beinhaltet alle drei Punkte der modernen Zahnvorsorge: richtiges Zähneputzen, zahngesunde Ernährung, Zahnarztbesuch.
- **Bert, der Gemüsekobold**
Jonas und Lena meckern mal wieder, weil ihre Mutter etwas Gesundes gekocht hat. Warum dürfen sie nicht wie ihr Freund Max jeden Tag Pommes und Hamburger essen? Da bekommen sie Besuch von Bert, dem kleinen Gemüsekobold. Er erklärt, wie man sich gesund ernährt und warum das für den Körper so wichtig ist.
- **Immuno**
Immuno erklärt, wie die Abwehrzellen im Körper eine Erkältung bekämpfen und wie Kinder man ganz schnell wieder fit werden kann.
Kindgerechte, leicht verständliche Tipps machen dieses Buch zu einem unverzichtbaren Familien- und Kindergartenratgeber zum Thema Gesundheit.

DER BILDERBUCH-SAMMELBAND
„VOM WINDELFUTSCH, VON DER SCHNULLERFEE UND NEUEN FREUNDEN"
3 Bilderbücher in einem Band.
Julia Volmert (Text), Bärbel Spathelf (Text),
Susanne Szesny (Illustration)
ab 3, 96 Seiten, 22,2 x 28,5 cm
Hardcover, fester Einband
ISBN: 978-3-86559-069-5

Drei Bilderbücher in einem Sammelband zu dem Thema 'Groß werden':

- **DER KLEINE ZAUBERER WINDELFUTSCH**
oder Wie man die Windel loswird
Bärbel Spathelf (Text)
- **EIN BÄR VON DER SCHNULLERFEE**
(Thema: Schnullerentwöhnung)
Bärbel Spathelf (Text)
- **IM KINDERGARTEN IST ES TOLL!**
(Thema: Erste Zeit im Kindergarten)
Julia Volmert (Text)
Alle illustriert von Susanne Szesny

Drei Bilderbücher zum Thema 'Groß werden'. Die Geschichten um den kleinen Zauberer Windelfutsch, der Kindern hilft, sauber zu werden, und von der Schnullerfee, die hilft, das 'Schnullern' aufzugeben, sind echte Klassiker, seit vielen Jahren familienerprobt und alltagstauglich! Das Schnullerfeespiel und die Windelfutschmedaille kann man unter 'www.albarello.de/Spiel- und Bastelideen' kostenfrei downloaden oder ausdrucken.

Alle unsere Bücher finden Sie unter:
www.albarello.de

Albarello - Für Kinder die schönsten Bücher.
Weitere Bilderbuch-Hits zu starken Themen:

WIR BLEIBEN EURE ELTERN!
AUCH WENN MAMA UND PAPA
SICH TRENNEN
Julia Volmert (Text)
Susanne Szesny (Illustration)
ab 3, 32 Seiten, 22,2 x 28,5 cm
Originalausgabe
ISBN: 978-3-86559-028-2

DER KLEINE RÄUBER
... will, dass alles wieder gut ist!
Julia Volmert (Text)
Susanne Szesny (Illustration)
ab 3, 32 Seiten, 22,2 x 28,5 cm
Originalausgabe
ISBN: 978-3-86559-073-2

„PASS AUF DICH AUF!"
Wenn dich ein Fremder anspricht
Bärbel Spathelf (Text)
Susanne Szesny (Illustration)
Originalausgabe
ISBN 978-3-86559-024-4

Für Jonas und Lena ändert sich im Moment vieles, da sich Mama und Papa trennen. Doch die Eltern bemühen sich, den Kindern so viel Normalität wie möglich zu bieten und ihnen die Sicherheit zu geben, dass sie immer die Eltern bleiben und dass die Bindung zwischen Eltern und Kind etwas sehr, sehr Starkes ist.

Dieses Buch zeigt, dass die neue Lebenssituation auch positiv bewältigt werden kann und dass die Kinder von beiden Eltern weiterhin geliebt werden.
„Wir bleiben eure Eltern!" kann so eine Grundlage bieten, den Kindern die Ängste und Unsicherheiten zu nehmen, die sie in dieser Lebensphase spüren.

Kleine Räuber wollen immer bestimmen! So auch Max, der gleich Räuberhauptmann sein möchte. Doch die anderen können gar nicht verstehen, dass Max immer bestimmen muss.
Deswegen hat Max bald Streit mit seiner Schwester, seinem Freund und sogar mit Frau Lieblich aus dem Kindergarten.
Das jedoch gefällt Max auch nicht! Was soll er nur tun, damit sich seine Freunde mit ihm vertragen?
Zum Glück hat Max eine famose Idee und seine Mama hilft ihm ...
Und Max sieht ein, dass auch kleine Räuber nicht immer bestimmen müssen!

Thema: Trotzen, Bestimmen, Vertragen.
Kinder müssen lernen, dass es nicht immer nach ihrem Willen geht und wie schön es ist, wenn man sich wieder verträgt.

Philip und Katharina spielen allein auf dem Spielplatz, als ein fremder Mann auftaucht. Er will wissen, wie die Kinder heißen, und bietet an, sie nach Hause zu fahren. Zum Glück weiß Katharina genau, dass sie niemals mit einem Fremden mitgehen darf. Zu Hause erzählen sie sofort ihrer Mutter von dem Fremden. Und nach diesem Erlebnis besprechen die Kinder mit ihrer Mutter, wie sie sich verhalten müssen, damit sie nicht in Gefahr geraten. Nicht nur auf der Straße, sondern auch, wenn sie allein zu Hause sind, lernen die Kinder, sich richtig zu verhalten.
Und schließlich haben auch Philip und Katharina eine ganz praktische Idee, wie man besser auf sich aufpassen kann.

Spätestens wenn Kinder eingeschult werden, bewegen sie sich allein in öffentlichen Räumen. Da ist es wichtig, schon Kinder im Vorschulalter auf mögliche Gefahren hinzuweisen und mit ihnen zu besprechen, wie sie sich Fremden gegenüber verhalten sollen.

Alle unsere Bücher finden Sie unter:
www.albarello.de